Table Art Styling

花鳥風月で彩ったテーブル空間 19 のスタイル

櫻井 葉子

Contents

一日一度は訪れる食事の時間

家族の団らんの時でもあり
友だちとの会話の時間
または一人のリラックスの時間など

誰と、どこでは違っても
食事をするという目的は同じでしょう

お料理を引き立てるための
「テーブルコーディネート」
と
「アート」
を
つなげてみました。

絵画をみる気分で
ページをめくってもらえれば幸いです。

Chapter.1

Morning

一日の始まりを告げるこの時間
清々しい空気を大きく吸い込もう
心地よい目覚めと共に迎える心おどるひと時

祈り

花は咲きます。
笑っていても、怒っていても、泣いていても、そして戦っていても

春を告げる花は元気と喜びをもたらせてくれます。より元気な印象に仕
上げるために黄色の背景と稜線型で躍動感を演出。寒色系の食器でより
ポップなスタイルに。

Thanks：金正陶器（株）

夏は朝が素敵です。
何もなくても早く起きてしまいます。
朝のすがすがしい風を感じながらシャンパンを開ける
そんな贅沢な時間を・・・

日差しのもとで大きく花ひらく向日葵を主役に、季節感を楽しみます。
向日葵の赤とプレートの青を対比させるため、他のアイテムは色を抑え
たものをセレクト。そこにシルバーを加えることで、爽やかさと上品さ
が加わったエレガントな装いに。

赤やピンク、オレンジは元気をくれる色です。
たくさんの花から元気をもらいましょう。

花柄の食器はベトナムの民芸ソンベ焼。職人たちがひとつひとつ丁寧に焼き上げた食器からは、手作りの温もりと職人たちの気持ちが伝わります。全体を暖色でしつらえ、温かく懐かしいイメージに。

春の訪れに喜びを

鳥のさえずり、
頬を撫でるそよ風、
太陽を浴びて芽吹く木々…

春の便りを楽しみにしていたのは
花々も一緒。

歓喜に満ち、
悠々と咲き誇る花たちと共に
季節の訪れを祝おう。

春に芽吹く植物たちの力強さと華やかさを演出するのは高コントラストなブルーのクロス。また、重ねた重箱から茎を伸ばすチューリップやビオラの花たちからは生命力を感じます。ヘレンド「アポニー・グリーン」にさりげなく施された金彩や、様々な色合いと馴染むグリーンが高級感を与え、日々の暮らしに寄り添ってくれる優しさも感じさせてくれます。

Thanks：天野企画

朝顔が明日に備えるその前に、優雅に楽しく午前のお茶を始めましょう。

紫は幅の広い色です。紫・青紫・赤紫、それぞれイメージが違います。とはいえ、紫は高貴な色といわれるように、どれも上品さを持ち合わせた色です。
その紫のイメージを引き立てるため、クロスに金を使います。

はっきりした色の中で、抹茶のくすんだ黄緑や
プレートの淡い模様は程よく全体をなじませます。

太陽がのぼるにつれて増す好奇心
太陽のエネルギーが部屋を満たせば
ひときわ笑顔が輝く時間

17

華麗

藤の花の時期は短いものです。
この貴重な時期、午後のひと時を愉しむお茶を
ゆっくり淹れましょう。
上質なお茶の時間は身も心も美しくしてくれます。

藤の花は和のイメージです。平安の時代を今風にアレンジ。装花と藤の描かれた手拭でお花見のように楽しみます。ガラスを加えることで爽やかな上品さを演出。手技を感じさせるお重や折敷、ガラスのポットを組み合わせれば、大人のための上質空間の出来上がり。

Japonica Style

徒然なるままに自然に咲く花々を生け、
それを愛でながらグラスを傾ける午後のひと時。
時間も気にせず心おきなく会話を楽しめる…
そんな何でもないことに幸せを感じながら
久しぶりに会う海外の友人との時間。
紫陽花の花には、他の花にはない華麗さを感じます。
触ると散ってしまいそうな可憐なはかなさと、
雨に濡れても負けない凛とした強さを感じながらの、
初夏のお花見です。

優しいイメージを作るには丸を使います。丸みのあるシルエットを多用すること
で優しく楽しいイメージに。紫で大人っぽく。そして反対色の橙でテーブルの上

The Glory Day

すずらんの花は幸せの花です。
世界中の子供たちが笑顔でテーブルを囲み、
夢や楽しい思い出を話せる日がくることを願います。

器の明るくきれいな色を引き立たせるため、あえて背景をくすんだ色に。
楽しいけど、どこか懐かしさのあるイメージです。ウィリアム・モリス
のクロスはイギリスの食卓を思い出させます。

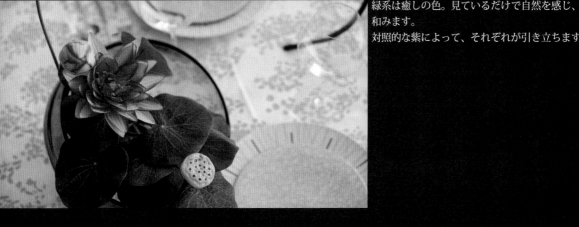

緑系は癒しの色。見ているだけで自然を感じ、
和みます。
対照的な紫によって、それぞれが引き立ちます。

睡蓮は低い位置に咲く花ですが、あえて高さを出す
ことによって目線を上げて全体が見えるように。
すっきりと爽やかな中でゴールドの食器がアクセン
トになります。

清楚な印象の有田焼も、太陽の光を浴びた南半球の花々、ネイティブフラワー（ワイルドフラワー）と合わせることでポップな装いに早変わり。

ホワイト、グリーンといった爽やかなカラーの中にアクセントとなるレモンイエローを加え、その爽やかな印象を際立てて。

シャングリラ

色とりどりの花が咲きみだれ、美しい鳥が自由に飛び交う世界
そんな自由で美しい世界を夢みながらいただくお料理は格別です。

Thanks：（株）賞美堂本店 /（株）イサジ Primitive 陶舎 花＊花

すべての要素の彩度を上げることによって、華やかな印象に。その中で磁器の白さはコントラストと落ち着きを与えてくれます。花が咲き、鳥が住む平和な世界をテーブルの上に。

Composition

マイセンの真っ白な器を使い、ディナーのおもてなし。
最近観たアートや映画・音楽を話題にお酒がすすみます。
アート好きな仲間をアッといわせるために、
エスニックな空間に清楚な器とワイルドなフラワーを組み合わせて。
この空間をきっと楽しんでくれるでしょう。

インパクトを与えるために対照的な要素を多用しました。真っ白の器に対して柄のテーブルクロスや濃い色の花、上品な白磁のイメージに対しては、野性的な流木を。さらには、高低差をつけることによって、より動きを出しています。様々な要素を取り入れながらも一つ一つのアイコンをダイナミックに組み合わせることで、まとまりよく構築しました。

Thanks：ジーケージャパンエージェンシー（株）

Chapter.3

Night

暗闇が覆うその中に瞬く光を見つめながら
さぁ、やってきたのは私たちの時間
グラスを傾けながらこのひと時を愉しもう

ミッドナイト イン パリ

くすんだ色を多用することでノスタルジックな世界
を演出。ゴールドもくすませることで華やかな中に
懐かしさを取り入れて。

寒色を取り入れることによって、全体に明るさを与
えます。

Thanks：金正陶器（株）

今日もパリの小さなカフェではデザイナーや画家、
作家や音楽家を目指す若者が夢を語り合います。
夢や希望があふれる素敵な時間です。

Thanks：金正陶器（株）

37

優艶

牡丹の花は凛とした正統な美しさがあります。
憧れの美しい人のおもてなしは
美しさに負けないよう牡丹と龍でお出迎えです。

無彩色×有彩色、高彩度×低彩度。まったく違う要素を多用し、コントラストを
楽しむ感じに。背景をグレーにすることによって全体にまとまり感が出ます。
グレーは万能な色です。

Thanks：金正陶器（株）

Modern Time

都会の夜、遅めのディナータイムを楽しもう。
刺激を共有し合う仲間と共に過ごす時間はとびきりクールに、カッコよく。
シャンパーニュの泡立ちに耳をすませ、グラスを交わしながら語り合う
この空間は、大人だけに許された特権。

光沢を抑えたレザーのテーブルクロスは、そのマットな質感から上質で落ち着きのある雰囲気に。赤色のフラワーと色味を抑えたフラワーがブルーステムのシャンパーニュグラスとプレートを引き立てます。

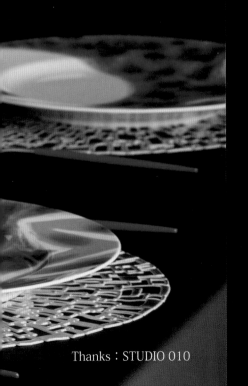

Thanks：STUDIO 010

百花繚乱

吉原一の花魁を想起させるお招きする席は豪華に、
そして上品でなければいけません。
花魁を囲む人たちも素敵な人たち。
今宵も楽しい話しがたくさん聞ける素敵な夜になりそうです。

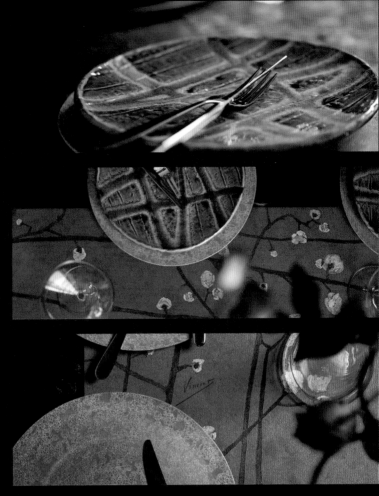

和を強く印象付ける器を洋風にしつらえました。朱赤は和の色ですが、ベロアの
緑と合わせると上品な落ち着きが出ます。素朴な花も高さを出し、動きを出すこ
とで華やかさを演出します。

金正陶器（株）/（株）イサジ Primitive 陶舎 花＊花

冬は夜が素敵です。
冷えた空気の中見上げると月が美しい。
キーンと冷えた空気を吸い込むと心も体も凛とします。
真夜中の美しさを楽しみましょう。

小夜中

冬は夜が素敵です。
冷えた空気の中見上げると月が美しい。
キーンと冷えた空気を吸い込むと心も体も凛とします。
真夜中の美しさを楽しみましょう。

色数を抑え、規則性を持たせるとモダンなイメージになります。カサブランカとカラーの清楚なイメージに、ライトと鏡でほどよい遊び心を加えます。

色数を抑え、規則性を持たせるとモダンなイメージになります。カサブランカとカラーの清楚なイメージに、ライトと鏡でほどよい遊び心を加えます。

Thanks：（株）イサジ Primitive 陶舎 花＊花

Dance All Night

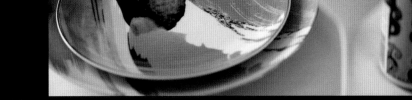

Thanks：（株）イサジ Primitive 陶舎 花＊花

Allure

持っているものは同じでも
人それぞれ大きさやバランスが違うことによって
私たち一人一人が作られています。
この世にまったく同じ人はいません。
それがあなたの個性で魅力です。

鮮やかな色は思いっきり使いましょう。大胆に組み
合わせることによって楽しい発見が生まれます。

個性的な物を使うことによってミステリアスなイ
メージを演出します。非現実的な色の中で透明な部
分がある事によってより不思議な世界に引き込まれ
ます。

Thanks：（株）イサジ Primitive 陶舎 花＊花 / ヤマコー（株）

好 き に こ だ わ る こ と が
自 分 の 世 界 観 を 広 げ る

インスピレーションの源

作品のヒントは日常生活の中にあふれています。

窓から見える景色
空の変化
ビルが立ち並ぶ様子
行き交う人々
テレビやスマホの中…
そしてもっと小さな世界にも。

料理にスイーツ、雑貨や本など
身の回りにあるもの全てに色と形があります。

その全てが発想のヒントです。

その中でも特に私にとって大切な３つをご紹介します。

Art   Fashion   Culture

アートにはたくさんのヒントがつまっています。カンディンスキーは抽象絵画のおもしろさを、デュフィは色の楽しさを、ピアズリーは悲しさの表現を、其一は日本絵画の素晴らしさを教えてくれ、バスキアは、私にアートに興味を持たせてくれました。美術館は大好きな場所です。アートを取り囲む独特な世界には何時間でも居られ、たくさんのエネルギーを貰える場所です。たくさんのアーティストや作品から色や形で、楽しさ・嬉しさだけでなく悲しさや辛さを表現できることを教わりました。

ファッションは毎日の楽しみです。毎朝、何を着て行こうか考えます。大変ですが、楽しい時間です。いろいろなファッションに触れることによって、色合わせ、形合わせが身に付きます。洋服だけでなく、バック・靴・アクセサリー・ヘアー・メイク…全てが合わさってファッションです。ネットではたくさんの写真を見ることができ、とても勉強になりますが、私はできるだけお店に足を運びます。特に百貨店は好きな場所です。上から順番に見て歩くと、たくさんの物を見て、触れることができます。洋服だけでなく、食器や雑貨など、平面ではなく、立体で見る事ができます。見るだけでなく、触れることも大切です。素材の組み合わせによって、表情は大きく変化します。

毎週必ず行く所があります。本屋さんとCDショップです。どちらも目当てのものを探しに行くのですが、それ以上にジャケットを見るのが楽しみです。"ジャケ買い"です。あれだけたくさんの本やCDが並んでいるのに1つとして同じジャケット、表紙のものはありません。中身も全て違います。小説や音楽はインスピレーションの宝庫です。物語や歌詞の場面を想像して形にする。こんな楽しいことはありません。映画や舞台も毎週のように観ます。写真ではなく、動く様子や立体になった状態で見る事ができ、照明によって見え方が変化する様子も見る事ができます。そして、何よりもその場面に居られることによって、より想像力が沸きます。どれも私にとっては必要な事・必要な場所で、インスピレーションだけでなく、元気をもらえるなくてはならない大切な時間です。

「見る」「観る」「視る」・・・

"みる"ことが好きです

風景だけでなく
舞台や映画・テレビ
写真や絵画
どんな物でも
自分の目で"見たい"のです

主人公だけでなく
背景のインテリア、壁紙まで
見てしまいます。
どんな場面でも
すみずみまで見ています。
普段の生活の中でもです。

そのため、たくさんの情景や物が
記憶に残っています。

映画の中の壁紙や、
ドラマの中で活けられていた花
道ですれ違った人の洋服の色や柄

素敵な色の組み合わせはもちろん
なぜ、覚えているのかわからないものも
たくさんあります。

私の引き出しのほんの一部
でも、この記憶が今まで
どれほど役にたったかわかりません。

53

Yoko Sakurai

櫻井　葉子

一般社団法人ジャパンテーブルコーディネート協会
テーブルコーディネート、アーティフィシャルフラワー認定講師
テーブル空間・認定スペシャリスト ®

専門学校では色彩・空間・ファッションの授業で色について、色の使い方を指導。
食を取り巻く環境の大切さ、食空間での色の使い方、活かし方を広めています。

　　　　　朝、目を開けた瞬間から目を閉じるまで色のある世界で生きています。
　　　色をもっと表現できたらと思い、できるだけたくさんの色を使えるコンセプトを考えてみました。
　　　　　テーブルという小さな表現の場所に様々な世界を作ってみました。
　　　　　　　　お楽しみいただけたでしょうか。

　　　　　　最後になりましたが、出版にあたりご協力いただきました皆様
　　　　　　　　　　大変お世話になりました。

　　　　　　　　この場をおかりしてお礼申しあげます
　　　　　　　　　　ありがとうございました。

　　　　　世界中の子供たちが夢を持ち、歩める時が来ることを願います。
　　　　　　　　　　　　　そして、
　　世界中の食卓が素敵な笑顔と、賑やかな笑い声につつまれる日が来ることを願っております。

　　　　　　　　　　櫻井　葉子

Thanks

撮影：STUDIO C -PWS　高山楽一（P12,13 を除く）
場所：ホテルグランヴェール岐山

Table Art Styling

花鳥風月で彩ったテーブル空間 19 のスタイル

2023年8月4日　第1刷発行

著　　者　櫻井葉子

発 行 所　株式会社フォーシーズンズプレス
　　　　　〒102-0094 東京都千代田区紀尾井町3-12　紀尾井町ビル8F
電　　話　03-6261-4770
http://www.fourseasonspress.co.jp
印　　刷　音羽印刷株式会社